BEI GRIN MACHT SICH IHR WISSEN BEZAHLT

AF149730

- Wir veröffentlichen Ihre Hausarbeit, Bachelor- und Masterarbeit

- Ihr eigenes eBook und Buch - weltweit in allen wichtigen Shops

- Verdienen Sie an jedem Verkauf

Jetzt bei www.GRIN.com hochladen und kostenlos publizieren

Timo Steinkühler

Ist passive Sterbehilfe im Lichte aristotelischer und kantischer Ethik vertretbar?

GRIN Verlag

Bibliografische Information der Deutschen Nationalbibliothek:

Die Deutsche Bibliothek verzeichnet diese Publikation in der Deutschen National-bibliografie; detaillierte bibliografische Daten sind im Internet über http://dnb.d-nb.de/ abrufbar.

Impressum:

Copyright © 2012 GRIN Verlag, Open Publishing GmbH
Druck und Bindung: Books on Demand GmbH, Norderstedt Germany
ISBN: 978-3-656-20790-0

Dieses Buch bei GRIN:

http://www.grin.com/de/e-book/194992/ist-passive-sterbehilfe-im-lichte-aristoteli-scher-und-kantischer-ethik

Facharbeit

Ist passive Sterbehilfe im Lichte aristotelischer und kantischer Ethik vertretbar?

Timo Steinkühler
Q1.2

Grundkurs Philosophie

KGH

Inhaltsverzeichnis   Seite

1.1 Allgemeine Einleitung

Ist Sterbehilfe vertretbar? Dies ist eine der bekanntesten ethischen Fragen überhaupt. Sie wird schon seit langer Zeit diskutiert und Sterbehilfe ist in Deutschland verboten. Trotzdem wird diese Frage immer wieder gestellt und irgendwie hat sich jeder über sie schon einmal seine Gedanken gemacht oder darüber sogar mit anderen Leuten diskutiert. Sterbehilfe ist ein Thema, das man auf ganz unterschiedliche Weisen angehen kann und daher auch zu keiner eindeutigen Meinung kommt, die von allen akzeptiert wird.

An dieser Stelle wäre es interessant zu erfahren, was große Philosophen zu dieser Frage sagen würden. Ich habe mir Immanuel Kant und Aristoteles ausgesucht, da diese beiden zwei der wichtigsten Ethiken aufgestellt haben, nach denen sich auch heute noch viele Menschen richten.

Aristoteles lebte von 384-322 v. Chr. und war ein griechischer Philosoph. Er war Schüler von Platon und Hauslehrer des späteren Alexander des Großen.

Immanuel Kant lebte von 1724-1804 und war studierter Naturwissenschaftler, Mathematiker und Philosoph. Er arbeitete viel als Lehrer und widmete sich seinen Studien, die vor allem in der Metaphysik bahnbrechend waren. Kant ist der Verfasser des kategorischen Imperatives, der auch heute noch als einer der wichtigsten moralischen Grundsätze gilt.[1]

Meiner Einschätzung nach gehören sie zu den bekanntesten Philosophen überhaupt.

Natürlich konnten Kant und Aristoteles sich nicht zur Sterbehilfe äußern, da sie erst zum ethischen Problem werden konnte, indem die moderne Medizin die Möglichkeit zu lebensverlängernden Maßnahmen bereitstellte. Diese medizinischen Voraussetzungen waren zu Kants und Aristoteles' Zeiten natürlich nicht gegeben. Dies könnte evtl. auch ein Grund für die Schwierigkeit einer Beantwortung der zu Beginn gestellten Frage sein.

Man muss nach Anhaltspunkten in der jeweiligen Ethik suchen, die mit Sterbehilfe in Verbindung stehen. Ich hoffe, somit evtl. einen neuen - bisher wenig erörterten - Gesichtspunkt in die Debatte um Sterbehilfe einzubringen.

Da es jedoch zu umfangreich, wäre alle Arten von Sterbehilfe zu erörtern, wende ich mich in dieser Auseinandersetzung nur der passiven Sterbehilfe zu. Diese passive Sterbehilfe wird als nicht ganz so problematisch gesehen wie die aktive Sterbehilfe, da sie nicht direkt gegen ein Gesetz verstößt. Jedoch ist sie vor allem religiös gesehen ein

---

[1] allgemeine Informationen zu Kant und Aristoteles aus dem Schulbuch Quelle 1
(Aristoteles: Seite 200; Kant: Seite 227)

Problem, weshalb sie auch in vielen Ländern, in denen die katholische Kirche sehr großen Einfluss hat, verboten oder umstritten ist.

1.2 Definition von Sterbehilfe[2]

Ich gehe in dieser Facharbeit vor allem auf die ethischen Probleme der **passiven** Sterbehilfe ein, wobei es jedoch auch noch andere Arten gibt:

1.2.1 Aktive Sterbehilfe

Die **aktive Sterbehilfe** beschreibt eine aktive Handlung, die meistens vom Arzt durchgeführt wird und die die Beendigung des Lebens zum Ziel hat. Der Patient stirbt hier durch die Aktivität jemand anderes und nicht an den Folgen seiner Erkrankung. Anders gesagt ist die aktive Sterbehilfe eine Tötung, die teilweise auf Verlangen geschieht. Demnach ist sie auch in jedem Fall in Deutschland strafbar, anders als zum Beispiel in Belgien und den Niederlanden, wo sie zwar verboten, jedoch nicht strafbar ist.

1.2.2 Indirekte Sterbehilfe

Bei der **indirekten Sterbehilfe** ist der Tod nicht beabsichtigt, sondern nur die Folge einer medikamentösen Therapie. Hauptkennzeichen ist, dass eine medikamentöse Behandlung vorgenommen wird, die die Leiden des Patienten lindern sollen. Der Tod ist lediglich eine Nebenwirkung dieser Behandlung und sein mögliches Eintreten wird in Kauf genommen.
In Deutschland ist die indirekte Sterbehilfe nur mit ausdrücklicher Zustimmung des Patienten erlaubt.

1.2.3 Passive Sterbehilfe

Als **passive Sterbehilfe** bezeichnet man den Vorgang des Abbruchs einer Behandlung, die zur Erhaltung des Lebens des Patienten dient, beziehungsweise, die Entscheidung eine solche Behandlung gar nicht erst in Anspruch zu nehmen.
Man muss unterscheiden, ob eine Behandlung abgebrochen wird und dies auf jeden Fall zum Tod des Patienten führt, oder ob eine Behandlung nicht in Anspruch genommen wird, die eine möglicherweise tödlich verlaufende Krankheit therapiert.

---

[2] Alle allgemeinen Informationen über Sterbehilfe aus Quelle 2
www.hospizberatung.de/downloads/**vier-arten-der-sterbehilfe**.pdf

Die passive Sterbehilfe ist erlaubt, auch, wenn die Krankheit noch in einem Zustand ist, der nicht zwingend tödlich ist, also die Behandlung eventuell lebensrettend gewesen wäre.

2 Aristoteles: Der Begriff der „Eudämonie"

In seiner Nikomachischen Ethik benennt Aristoteles das Ziel allen Handelns, „[…]das wir um seiner selbst willen wollen[…]" (Aristoteles, Nikomachische Ethik, erstes Buch, 1094a Z. 18f)[3], als das „Gute und das Beste" (Aristoteles, 1094a Z. 23). Im Folgenden leitet er dieses oberste Ziel her und erklärt es. Die meisten Menschen stimmen sich laut Aristoteles im Namen dieses überein: „Glückseligkeit nennen es die Menge und die feineren Köpfe […]" (Aristoteles, 1095a Z.19), definieren diese jedoch nicht genauer.

Die Glückseligkeit (Eudämonie) muss ein Endziel sein und kein Ziel, das angestrebt wird, um nur einem nächsten, höher gestellten Ziel zu dienen, da Aristoteles das höchste Gut als ein „Endziel und etwas Vollendetes" (Aristoteles, 1097a Z. 27f) betrachtet.

Diese Glückseligkeit ist vollkommen, das heißt sie ist nur erreicht, wenn auch alle anderen Ziele erreicht sind. Gerade deshalb kann ein Mensch nur nach der Glückseligkeit streben, sie jedoch niemals vollständig erlangen.

Das lässt sich einfach erklären: Wenn jemand von sich behauptet, er habe alle Ziele, die sich der Glückseligkeit unterordnen, wie Intelligenz, Vernunft und andere bedeutende Werte erlangt, dann ist das rein praktisch gesehen erst einmal nicht möglich, da es nahezu unendlich viele dieser Ziele gibt. Theoretisch scheitert das Ganze daran, dass ein Mensch, der alle erdenklichen Ziele erreicht hat, immer noch den Wunsch hat, diese Ziele beziehungsweise erlangten Werte zu halten. Ein intelligenter Mensch hat den Wunsch, nicht durch irgendein Schicksal seine Intelligenz zu verlieren. So ähnlich verhält es sich auch mit den anderen erreichten Zielen. Außerdem liegen bestimmte Wünsche in der menschlichen Natur. Den Wunsch nach einem gesunden Leben hat jeder Mensch, jedoch hat er manchmal (z.B. im Fall eines Unfalls oder einer Erbkrankheit) keinen großen Einfluss darauf, ob dieser erfüllt wird.

Der letzte Punkt, der die vollkommene Glückseligkeit eines Menschen zu Lebzeiten verhindert, ist der Wunsch nach einem glücklichen Tod. Alle diese Einschränkungen verhindern ein wunschlos glückliches Leben, das ja mit der Glückseligkeit, also der Eudämonie gleichzusetzten ist.

Wie kann man jetzt von diesem zentralen Begriff der aristotelischen Ethik jetzt auf Aristoteles' Meinung zur Sterbehilfe schließen?

---

[3] Aristoteles, Nikomachische Ethik, Hrsg.: Günther Bien, Felix Meiner Verlag, Hamburg 1972

Passive Sterbehilfe kommt ja meistens dann ins Gespräch, wenn der Patient starke Schmerzen erleidet oder in Würde sterben möchte.

Dies sind zwei Punkte, die maßgeblich zur Glückseligkeit des Patienten beitragen.

Wenn nun Aristoteles die Glückseligkeit als oberstes aller Ziele setzt, müsste er theoretisch gegen die Sterbehilfe nichts einzuwenden haben.

Desweiteren legt Aristoteles großen Nachdruck auf Werte wie Vernunft, die ja zur Eudämonie führen. Wenn ein Patient also mit seiner Vernunft sagt, er möchte nicht künstlich am Leben erhalten werden, aus welchen Gründen auch immer, so müsste Aristoteles das gutheißen.

Allerdings stellt sich da die Frage, ob Aristoteles den Tod nicht doch so sieht, dass er die Glückseligkeit ‚zerstört'.

Wenn jemand stirbt, hat er ja von seiner Glückseligkeit aus dem Leben nichts mehr. Wenn er also das Leben an sich als zur Glückseligkeit führend betrachtet, würde das eher gegen Sterbehilfe sprechen.

Diesem Thema hat Aristoteles ein ganzes Kapitel im ersten Buch gewidmet, in dem er hinterfragt, ob ein Mensch nicht erst dann richtig glückselig genannt werden darf, wenn er verstorben ist (vgl. Aristoteles, 1100a Z. 10ff).

Laut Aristoteles sind es tugendhafte Handlungen, die zur Eudämonie führen. Diese Tugendhaftigkeit ist einem Menschen eigen, kann also nicht verlorengehen. Da diese die Glückseligkeit in größtem Maße beeinflusst, machen Schicksalsschläge dies nicht so stark, außer sie sind sehr hart. Ein glückseliger Mensch kann also nicht einfach so seine Glückseligkeit verlieren, also auch eigentlich nicht durch Übel auf der Welt, die ihm im Leben noch begegnen könnten, im Tod jedoch nicht.

Aristoteles fragt sich nun, ob das Schicksal der Nachkommen die Eltern oder Vorfahren überhaupt nicht berühren sollte, was aber wohl ziemlich inhuman sei (vgl. Aristoteles, 1101a Z. 23ff).Also könnten diese Schicksale auch noch die Toten bewegen, wenn sie denn gravierend sind. Die moderne menschliche Vernunft sagt uns aber, dass Tote eher weniger von den Schicksalen ihrer Nachkommen mitbekommen, was diesen Punkt irrelevant macht.

Aus diesem Kapitel lässt sich jedoch schließen, dass Aristoteles den Tod nicht als gravierend sieht und daher auch nicht im Sinne einer Beendigung der Glückseligkeit. Die Glückseligkeit lebt also sozusagen in einem verstorbenen Menschen weiter.

Dieser Punkt zeigt nun, dass Aristoteles wohl ein Befürworter der passiven Sterbehilfe wäre, da sie das Ziel hat, einen Menschen von seinem Leiden zu erlösen und somit auf seinen Wunsch hin geschieht. Sie trägt also zur Glückseligkeit des Betroffenen bei.

3 Kant und Sterbehilfe

3.1 Der kategorische Imperativ

„Handle nur nach derjenigen Maxime, durch die du zugleich wollen kannst, dass sie allgemeines Gesetz werde." (Kant, S. 42 Z. 21f)[4]. So formuliert Immanuel Kant seine erste Form des kategorischen Imperativs.

Kant setzt hier also den Vernunftgebrauch voraus, da es sich um den Willen handelt und dieser laut Kant von der Vernunft bestimmt wird, im Gegensatz zu dem tatsächlichen Handeln, das auch durch Neigungen, also z.B. Bedürfnisse bestimmt wird. Also müsste ich auf der Grundlage meiner Vernunft entscheiden, ob passive Sterbehilfe zu erlauben ist.

Dies ist einerseits schwierig, da diese Entscheidung immer situationsbedingt ist, also keinen allgemein gültigen Anspruch hat. Desweiteren würde hier wahrscheinlich jeder Mensch anders entscheiden, da er unterschiedliche Auffassungen von bestimmten Aspekten, wie z.B. Suizid oder Tod im Allgemeinen, hat. Ganz einfach gesagt ist es laut dieser Form des kategorischen Imperativs meine eigene Entscheidung, ob ich Sterbehilfe unterstütze oder nicht. Das hilft wenig weiter.

Ähnlich verhält es sich mit der Naturgesetzformel: „Handle so, als ob die Maxime deiner Handlung durch deinen Willen zum allgemeinen Naturgesetze werden sollte" (Kant, S. 43 Z. 6f). Auch hier ist die moralische Handlung dann moralisch, wenn ich sie mit meinem Willen vereinbaren kann.

Hilfreicher dagegen ist die dritte Form: „Handle so, dass du die Menschheit, sowohl in deiner Person als in der Person eines jeden anderen, jederzeit zugleich als Zweck, niemals bloß als Mittel brauchst." (Kant, S. 52 Z. 5f). Der Zweck meines Handelns muss also die Menschheit sein.

Wenn man nun davon ausgeht, dass jemand, dem der Tod bevorsteht, entscheidet, er möchte die lebensverlängernde Behandlung abbrechen, ist es dann moralisch vertretbar, ihm den Wunsch zu erfüllen? Es ist auf jeden Fall mit Vernunft entschieden und sollte daher für Kant von Bedeutung sein, da er die Vernunft ja als sehr hohes Gut betrachtet.

Andererseits stirbt der Betroffene ja wahrscheinlich früher, und somit ist die Handlung nicht moralisch, wenn der Zweck die Menschheit sein soll.

Man müsste hier nun also danach entscheiden, wie Kant die Menschheit definiert.

Ist die Menschheit einer Person gleichzusetzten mit deinem Leben, oder seinem Willen, also seiner Vernunft? Im ersten Fall ist passive Sterbehilfe in jedem Fall zu verneinen,

---

[4] Kant, Immanuel: Grundlegung zur Metaphysik der Sitten (3. Auflage)

Hrsg.: Karl Vorländer, Felix Meiner Verlag, Hamburg 1965

wenn jedoch der zweite Fall zutrifft, würde Kant diese Art der Sterbehilfe wohl unterstützen.

3.2   Andere Ansatzmöglichkeiten bei Kant

Da man aus den verschiedenen Formen des kategorischen Imperatives nicht wirklich ableiten kann, was Immanuel Kant zu Sterbehilfe sagen würde, müssen wir andere Ansätze suchen, um seine mögliche Meinung zu erarbeiten.

Aufschlussreich ist, dass Kant eindeutig gegen Selbstmord ist.

Wenn man nach Kant immer nach der zweiten Form des kategorischen Imperativs handelt, so schafft man sich eine Natur, in der die Vernunft über alles gestellt und auch dem Willen ihr übergeordnet ist (Kant, S. 51f)[5].

Wenn man ein Gesetz in dieser Natur prüft, kann es auch in der eigentlichen, richtigen Natur existieren. Diese Gesetze heißen dann moralische Gesetze (Kant, S. 52 Z. 1f).

Wenn in dieser fiktiven Natur nun jeder sein Leben willkürlich beenden könne, würde dies keine bleibende Naturordnung möglich machen, da alle sterben (Kant, S. 52 Z. 29f).

Ein weiterer Punkt, der gegen den Suizid spricht, ist die paradoxe Situation, die im Hinblick auf den kategorischen Imperativ in seiner zweiten Form resultiert. Die Entscheidung nämlich, sich selber das Leben zu nehmen, geschieht aus Eigenliebe. Das lässt sich so erklären: Der Handelnde liebt sich selbst so sehr, dass er sich Übel und Schmerzen ersparen möchte und sich daher das Leben nimmt. Wenn er dies jedoch macht, zerstört er das, was er liebt und das der Anlass seines Handelns gewesen ist. Also tritt ein Widerspruch auf, weshalb man die Maxime, sich selbst das Leben zu nehmen, in keinem Fall zu einem allgemeinen Gesetz machen könnte.

Dieser Gedanke lässt sich auch auf die Problematik der passiven Sterbehilfe übertragen, da hier ja derselbe Widerspruch auftritt.

Der letzte Punkt, weshalb Kant ohne Zweifel gegen Selbstmord ist, ist die Vernichtung des Subjekts der Sittlichkeit. Wenn sich jemand also selber das Leben nimmt, verhindert er, dass er weitere moralische Handlungen vollbringen kann. Ob sich dieser Punkt auf die Sterbehilfe übertragen lässt ist von der Praxis aus gesehen eher fraglich, da Menschen, bei denen Sterbehilfe überhaupt angebracht ist ja meistens sehr stark leiden

---

[5]Kant, Immanuel: Kritik der praktischen Vernunft (9. Auflage), Hrsg.: Karl Vorländer

Felix Meiner Verlag, Leipzig unveränderter Abdruck 1944 der neunten Auflage 1929

und daher wohl eher nicht mehr zu vielen moralischen Handlungen in der Lage sind. Allerdings ist es theoretisch noch möglich und daher doch ein zu beachtender Punkt.

Wenn man diese ablehnende Haltung Kants gegenüber dem Selbstmord betrachtet, liegt nahe, dass er wohl auch gegen passive Sterbehilfe sei, eben aus den Gründen, die auch gegen Selbstmord sprechen, da Sterbehilfe dem Suizid doch sehr nahe kommt. Was die Entscheidung bei Sterbehilfe noch verändern könnte, wäre die Tatsache, dass der Patient ja meistens sowieso nicht mehr lange zu leben hat und deshalb der frühere Tod als nicht gravierend angesehen werden könnte. Außerdem ist der Tod durch passive Sterbehilfe ja nie ganz sicher, da es nur ein Abbruch bzw. kein Beginn der Behandlung ist und das Leben danach genauso lange weitergehen kann wie mit Behandlung.

Allerdings geht es bei Kant vor allem um die Entscheidungen, die ja schon ethisch und moralisch falsch sind. Als weiterer Faktor gegen Sterbehilfe kommt auch noch dazu, dass diese häufig eine emotionale Belastung für die Angehörigen darstellt, meistens noch mehr als der natürliche Tod.

4 Schluss

4.1 Zusammenfassung

Zusammenfassend lässt sich erst einmal sagen, dass Aristoteles grundsätzlich wohl ein Befürworter der Sterbehilfe wäre, während Kant ihr ablehnend gegenüber stehen würde. Bei Aristoteles ist dies sehr eindeutig, da er mit seinem Prinzip der Glückseligkeit einen klaren Grundsatz hat, der sich auf Sterbehilfe anwenden lässt.

Zum Thema aktive Sterbehilfe dagegen würde ich eine eher kritische Haltung seinerseits vermuten, da dieses Thema doch extreme Meinungen erfordern kann und er seinem Sohn Nikomachos sagt, er solle immer die Mitte wählen und sich keinem Extrem anschließen.

In Kants Ethik dagegen ist es schwieriger festzustellen, was dieser von Sterbehilfe halten würde. Einerseits ist er ein Vernunftmensch und müsste dann doch Entscheidungen der menschlichen Vernunft unterstützen. Andererseits ist er klar gegen Suizid. Da man aus dem kategorischen Imperativ weder eine Rechtfertigung, noch ein Verbot für Sterbehilfe ablesen kann, denke ich, dass diese eindeutige Ablehnung von Selbstmord, die er ja auch mit dem kategorischen Imperativ begründet, auch auf Sterbehilfe zu übertragen ist, da sich diese beiden Fälle sehr ähneln.

Um nun also die Frage nach der Vertretbarkeit von passiver Sterbehilfe in Bezug auf die aristotelische und kantische Ethik zu beantworten, muss ich sagen, dass sich die beiden nicht einig wären und man daher diese Frage nicht mit den Meinungen der beiden eindeutig beantworten kann.

4.2 Eigene Meinung

Was halte ich nun selber von passiver Sterbhilfe?

Erstmal muss ich sagen, dass ich beiden Philosophen in gewisser Weise Recht gebe.

Aristoteles stimme ich dahingehend zu, dass jeder Mensch die freie Entscheidung über sein Leben haben sollte. Ich denke auch, dass die persönliche Glückseligkeit das ist, was den Menschen antreibt und daher auch sehr stark zu respektieren ist.

Andererseits lässt sich in Kants Argumentation ein Punkt finden, den ich auch in der Sterbehilfe-Debatte ganz wichtig finde. Kant argumentiert in etwa so, dass diese fiktive Natur niemals existieren könnte, wenn sich alle umbringen würden.

Beim Thema Sterbehilfe ist das so ähnlich. Wenn sie ohne Probleme durchführbar ist, gibt es evtl. Menschen, die eine Behandlung abbrechen, die ihnen ein längeres, danach auch noch lebenswertes Leben garantiert hätte, ohne die sie jedoch sterben. Würden sie die Behandlung weiterführen, könnten sie danach evtl. auch noch glücklich werden.

Wenn dies der Fall ist, ist passive Sterbehilfe meiner Meinung nach nicht vertretbar und sollte auch nicht erlaubt sein, da diese Handlungsweise auch oft ausgenutzt werden würde um Patienten loszuwerden, sei es um Kosten/Pflege/etc. zu sparen. Dies würde selbstverständlich nicht zur Glückseligkeit führen, weshalb auch Aristoteles dagegen wäre.

Hier müsste man nun also eine Grenze ziehen, genau wie zur aktiven Sterbehilfe, was aber sehr schwierig ist. Die Schwierigkeit besteht darin, dass jeder Fall ein Einzelfall ist und man daher keine allgemeinen Vorgaben aufstellen kann. Vielmehr müsste man in jedem Fall aufwendig entscheiden, was nun zu tun ist. Diese Entscheidung kann nur sehr bedingt auf Grundlage allgemeiner und abstrakter Kriterien getroffen werden

Eine Lösung, der ich persönlich sehr zusprechen würde, wäre eine Art Sterbebegleitung. Ganz konkret gesagt stände ein Arzt-Patienten-Gespräch im Mittelpunkt. Es müsste dafür spezielle Agenturen geben, die sich mit Sterbehilfe befassen und Fachpersonal zur Verfügung stellen würden. Ein betroffener Patient könnte sich nun an diese Agenturen wenden und mit dem Fachpersonal ein Gespräch führen, ob Sterbehilfe, sei es nun aktiv oder passiv, in seinem individuellen Fall angebracht sei.

Dieses Fachpersonal entscheidet dann, ob sie die Sterbehilfe zulassen und evtl. auch durchführen. Falls sie nun entscheiden, dass der Betroffene nicht zwingend in naher Zukunft sterben wird und dass nach seiner Behandlung sein Leben normal weitergeführt werden kann, so sollte ihm Sterbehilfe auch nicht gestattet werden. Diese Maßnahme wäre ein Möglichkeit, zu verhindern, dass Menschen (evtl. sogar aktiv) getötet werden, nur damit Kosten etc. entfallen. Wenn sich der Patient nun selber, trotz des Verbots, umbringt, kann keiner etwas dagegen machen, da er dann aus eigener echter

Überzeugung gehandelt hat und man ihn ja auch schlecht noch bestrafen kann. Sollten allerdings die Angehörigen trotz des Verbots Sterbehilfe leisten, so würden diese sich strafbar machen.

Einen Schritt in diese Richtung der Beratung findet man in der Schweiz. Jedoch sind dort die Agenturen zu sehr auf ihren finanziellen Umsatz ausgerichtet.

Damit das nicht der Fall ist, müssten die Agenturen ehrenamtliche Mitarbeiter haben oder schon für das Beratungsgespräch im Voraus bezahlt werden, egal, wie dieses ausgeht. Dadurch würden die Mitarbeiter nicht immer der Sterbehilfe zustimmen, um ihr Geld zu bekommen.

Vermutlich würde dieses Prinzip trotzdem zu Problemen führen, allerdings wäre es ein Ansatz, der die Finanzen in den Hintergrund stellt.

4.3   Fazit

Ist passive Sterbehilfe vertretbar? Das ist die Frage, die ich in dieser Facharbeit klären wollte.

Abschließend lässt sich sagen, dass sich im Hinblick auf dieses Thema sogar die zwei wahrscheinlich am weitesten verbreiteten Ethiken überhaupt widersprechen. Ich habe einen Ansatz vorgestellt, der ein Kompromiss aus beiden Ethiken ist und evtl. eine mögliche Übergangslösung darstellt, jedoch niemals eine „Ultimativ-Lösung" sein wird. Diese wird es wahrscheinlich auch niemals geben, da es sich wie gesagt bei jedem Fall um einen Einzelfall handelt, was es so schwierig macht.

Sterbehilfe, sei es nun passiv oder aktiv, bleibt wohl immer ein Thema, über das diskutiert wird.

Es gibt sehr viele Ansätze, um in diesem Thema zu argumentieren, allerdings vermisse ich ehrlich gesagt eine schlüssige Argumentation der Kirche, welche ja Hauptgegner der Sterbehilfe ist.

Von wichtigen Philosophen existieren klare Meinungen mit Argumentationen, wie ich hier gezeigt habe. Man muss sie nur aus den Ansätzen herauslesen und interpretieren.

Wenn man diese Ethiken nun für die aktuelle Diskussion fruchtbar machen möchte, muss man Prioritäten setzen, welcher Philosoph wohl prägender für das Hier und Jetzt ist und welcher Ethik man sich persönlich anschließen würde.

Literaturliste

1) Zugänge zur Philosophie, Grundband für die Oberstufe (verschiedene Autoren)

   1. Auflage

   1995, Cornelsen Verlag, Berlin

2) www.hospizberatung.de/downloads/**vier-arten-der-sterbehilfe**.pdf

3) Aristoteles: Nikomachische Ethik   Hrsg.: Günther Bien

   (Übersetzung: Eugen Rolfes)

   Felix Meiner Verlag, Hamburg 1972

4) Kant, Immanuel: Kritik der praktischen Vernunft (9. Auflage)

   Hrsg.: Karl Vorländer

   Felix Meiner Verlag, Leipzig

   unveränderter Abdruck 1944 der neunten

   Auflage 1929

5) Kant, Immanuel: Grundlegung zur Metaphysik der Sitten (3. Auflage)

   Hrsg.: Karl Vorländer

   Felix Meiner Verlag, Hamburg 1965